NOTICE BIOGRAPHIQUE

SUR LES

TRAVAUX ET DÉCOUVERTES

EN CHIMIE,

DE M. ÉDOUARD ROBIN,

PAR

M. ALEXIS DE LACOSTE,

Professeur de chimie et d'histoire naturelle dans plusieurs institutions de Paris.

Où ne peut-on pas arriver avec le temps, quand on est dans la route qui mène au but, et qu'on ne s'en écarte jamais.

DESTUT DE TRACY, *Grammaire*.

PARIS,

IMPRIMERIE BOULÉ ET COMPAGNIE, RUE COQ-HÉRON, 3

1842.

NOTICE BIOGRAPHIQUE

SUR LES

TRAVAUX ET DÉCOUVERTES

EN CHIMIE,

DE M. ÉDOUARD ROBIN,

PAR

M. ALEXIS DE LACOSTE,

Professeur de chimie et d'histoire naturelle dans plusieurs institutions de Paris.

Où ne peut-on pas arriver avec le temps, quand on est dans la route qui mène au but, et qu'on ne s'en écarte jamais.

DESTUT DE TRACY, *Grammaire.*

PARIS,

IMPRIMERIE BOULÉ ET COMPAGNIE, RUE COQ-HÉRON, 3.

1842.

ÉDOUARD ROBIN,

PROFESSEUR DE CHIMIE.

> Où ne peut-on pas arriver avec le temps, quand on est dans la route qui mène au but, et qu'on ne s'en écarte jamais.
>
> DESTUT DE TRACY, *Grammaire.*

Édouard Robin naquit le 14 février 1808, dans le département de la Sarthe, à Lasuze, petite ville entre le Mans et Laflèche. Son père, qui avait de la fortune, le fit élever près de lui jusqu'au moment où il fut assez avancé dans les langues anciennes pour entrer en troisième. Alors le jeune Robin fut envoyé au collége de Château-Gontier, où il fit ses humanités et sa rhétorique. Il en sortit pour entrer au collége du Mans, et y faire sa philosophie. Sur ce nouveau théâtre de luttes littéraires, le jeune Édouard, avec les difficultés, sentit croître son ardeur. Ses généreux efforts eurent leur récompense ; il remporta les trois premiers prix d'excellence : ceux de mathématique, de physique et de chimie. De si brillans succès révélèrent son éminente aptitude pour les sciences, et décidèrent ses parens à l'envoyer à Paris pour y faire ses études de médecine. Il avait alors dix-huit ans.

Comme Lavoisier, à cet âge où d'ordinaire on ne songe guère qu'à s'amuser, il n'eut d'autre passion que celle de l'étude. Il fallait d'abord se faire recevoir bachelier dans les lettres et dans les sciences. Pour remplir, sans perdre de temps, ce double objet, il poussait à la fois devant lui et menait de front les langues, l'histoire, la philosophie, les mathématiques, les sciences physiques et naturelles.

Pour les langues, il n'eut qu'à relire ses auteurs.

L'histoire, au contraire, l'occupa fortement. Là, comme en tout, deux choses distinctes : la lettre et l'esprit; les dates et le sens des faits. La connaissance des dates lui coûta de pénibles efforts : aussi se classèrent-elles dans sa vaste mémoire avec une telle netteté, qu'il reproduisait, imperturbablement et à volonté, toutes celles des principaux événemens, depuis les temps historiques jusqu'à nos jours. Mais la signification de ces événemens, leur filiation, leurs effets et leurs causes, voilà surtout ce qui arrêta et fixa long-temps son attention. Je ne puis ici qu'indiquer les remarquables résultats auxquels arriva cet esprit si jeune et déjà si éminemment généraliteur.

De l'ensemble des idées que se forme sur toutes choses la masse des individus, naissent, à toutes les époques et chez tous les peuples, des croyances communes qui bientôt subjuguent tous les esprits et règnent sur eux en souveraines. Alors ces croyances, dans les mains de ceux qui s'en emparent, deviennent un puissant moteur, par lequel ils soulèvent et poussent les masses au gré de leurs passions et dans le sens de leurs intérêts personnels. C'est ainsi qu'à Rome, le Sénat entraîne le peuple d'abord à la conquête de l'Italie, puis, de proche en proche, à l'envahissement du monde entier; que, du fond de l'Arabie, Mahomet fait déborder l'islamisme sur l'occident de l'Asie, et puis sur le midi de l'Europe; que les papes dominateurs de l'Occident, poussent ses populations désordonnées, sur la route civilisatrice de la Palestine, et, pendant plusieurs siècles, tiennent courbés, sous leur irrésistible ascendant moral, les peuples et les rois; qu'avec le principe du libre examen, Luther sépare brusquement le nord de l'Europe, du midi; et qu'enfin, lors de notre première révolution, toutes les aristocraties alarmées, ameutent et lancent sur la France, qui se lève grande et fière, les aveugles populations qu'elles pressurent et veulent encore et toujours pressurer.

Ainsi donc, avec les croyances d'une époque quelconque et le caractère connu des gouvernans, on peut, jusqu'à un certain point, déterminer les événemens qui la doivent remplir. Mais pour que ces événemens, au lieu d'être une série de calamités publiques, concourent de plus en plus au bien-être de tous, que suffira-t-il de faire? Epurer les opinions et les croyances des masses; et pour cela rectifier et rapprocher toujours davantage de la vérité les divers systèmes d'idées qui meublent la tête des individus.

Cette conclusion, comme on le voit, ramenait directement notre jeune et hardi penseur à l'étude de la philosophie.

Il s'y livra avec non moins d'ardeur. Son esprit droit et son bon sens pratique surent le préserver de cette vaine et stérile métaphysique, objet des souverains mépris du grand Bacon.

Ses vues particulières, sur ce beau sujet, étaient développées dans un petit traité de métaphysique que notre jeune étudiant composa vers cette époque. Malheureusement ce premier essai d'une intelligence si précoce, est aujourd'hui perdu. Il s'est trouvé égaré dans les papiers d'un bon curé de campagne auquel M. Robin l'avait prêté, et qui depuis est mort.

Les études de mathématique marchaient de front, comme je l'ai dit, avec l'histoire et la philosophie; il fixa aussi sur le papier ses idées en arithmétique. N'y voyant qu'un seul principe, celui de la numération, il en faisait découler, par de rigoureuses déductions, les quatre opérations fondamentales, la théorie des fractions et celle des proportions. Déjà dominé par le besoin impérieux de tout rattacher à un seul principe, il eut encore le projet de composer, à son usage, un manuel de géométrie, dans lequel toutes les vérités de la science, au lieu de se suivre à la file, devaient se déduire les unes des autres.

Mais, dès qu'il eut obtenu ses diplômes, toute son attention se tourna vers l'étude de la médecine.

Cependant la route ordinaire et suivie jusque là ne pouvait le conduire au but qu'il se proposait. Pour l'atteindre, il ne fallait pas se contenter de quelques notions superficielles de chimie; mais, bien au contraire, mettre en œuvre tous ses moyens, afin d'acquérir l'ensemble et les détails, et de pénétrer les mystères de cette science nécessairement fondamentale.

C'était bien là l'important résultat à obtenir; mais comment? suivre les cours de chimie? Mais ils n'étaient, comme ils ne sont encore aujourd'hui, qu'une représentation plus ou moins adroite des faits et des expériences constatées dans les traités. Etudier ces traités? mais les plus estimés, comme chacun sait, ne sont encore qu'un recueil, une sorte de catalogue où se trouvent consignés, sans aucune liaison et dans un désolant pêle-mêle, tous les faits et toutes les expériences connues. Dans tout cela, on voit bien les matériaux de la science; mais la science elle-même, qui coordonne et relie entre eux tous ces faits incohérens, où la chercher, où la trouver? Evidemment, puisqu'elle n'existait nulle part, pour l'acquérir, il fallait bien la créer.

La prodigieuse difficulté de cette entreprise n'effraya point cet esprit résolu qui déjà avait conscience de sa force, et qu'en outre soutenait la grandeur de son but. D'ailleurs rappelez-vous qu'à ce moment le jeune Robin n'avait que vingt ans. Or, à cet âge heureux, des vastes projets et des lointaines espérances, rien encore heureusement ne nous paraît impossible.

Le parti une fois pris de s'ouvrir, en chimie, une route nouvelle moins longue et plus facile à parcourir, le jeune Robin, selon son habitude, se met résolument à l'œuvre.

Son premier soin est de réunir autour de lui tous les secours dont il a besoin. Il se monte un petit laboratoire, ajoute à sa bibliothèque, déjà nombreuse, les ouvrages de chimie les plus étendus et les plus récens ; et s'abonne aux revues et journaux scientifiques en réputation. De son temps, il fait deux parts : aux travaux de cabinet et de laboratoire, les matinées ; et les après-midi, à des répétitions données à quelques amis, répétitions qui depuis sont devenues ses cours préparatoires aux examens de médecine et de bachelier ès-sciences. Alors, renonçant à suivre les cours qui ne peuvent lui apprendre rien de plus que ce qu'il trouvera dans ses livres, il se renferme chez lui, bien décidé à n'en plus sortir que pour produire, dans le monde, le résultat de ses recherches et de ses découvertes, Cette espèce de séquestration volontaire, qui, heureusement touche aujourd'hui à son terme, a duré douze longues années, pendant lesquelles il s'est écoulé des mois entiers sans que M. Robin ait mis, à la lettre, le pied hors de son appartement.

Il n'avait que vingt et un ans ; et déjà son esprit était exercé aux vastes conceptions et rompu aux longs et pénibles travaux. Aussi nulle difficulté ne l'étonne et rien ne peut le rebuter : c'est l'infatiguable et scrupuleuse investiguation de l'érudit allemand dirigée par la vive et pénétrante sagacité de l'esprit français.

Il recherche, rassemble et note avec soin tous les faits entassés pêle-mêle dans les grands traités de chimie, et tous ceux qui se trouvent disséminés dans le Journal de pharmacie, dans les Annales de physique et de chimie, dans les mémoires de de l'Institut, dans les comptes-rendus de l'Académie de Stockolm, en un mot dans tous les recueils scientifiques qu'il a sous la main.

Ces longues et fastidieuses recherches ne refoidissent point son ardeur. Toujours les yeux fixés sur le but, peu lui importent les fatigues et les ennuis de la route, pourvu qu'il arrive.

Après avoir ainsi largement butiné sur tous les points du riche domaine de la science, comme la diligente abeille, il se hâte d'élaborer, de faire prendre une forme nouvelle aux abondans matériauxqu'il a recueillis. Il rapproche et groupe ensemble tous les faits relatifs aux mêmes classes de corps ; et, par ce moyen, il obtient des tableaux précis de tous les faits bien constatés sur les *corps simples*, les *acides*, les *oxydes*, les *sels* et les *composés en ure*. Chaque tableau devient ensuite l'objet d'un travail particulier; il y range ensemble d'abord toutes les propriétés physiques, puis toutes les propriétés chimiques. Cela ne lui suffit pas. Au lieu de laisser ces propriétés se suivre sans aucun ordre et selon le capricieux effet du hasard, il les dispose suivant leurs analogies, place en tête les propriétés fondamentales et à la suite celles qui en découlent, de manière que toutes soient coordonnées entre elles, et que l'esprit passe sans effort des unes aux autres.

Il semblerait qu'arrivé là, notre jeune chimiste, n'a plus pour terminer cet immense travail, qu'à intercaller dans chaque article tous les faits particuliers qui s'y rapportent.

Mais, dans leur innombrable multitude, il en est quelques uns de premier ordre et, pour ainsi dire, primitifs, desquels tous les autres ne sont que des conséquences plus ou moins rapprochées : découvrir cette subordination; établir les lois qui en découlent, c'est l'important travail qui reste à faire, la grande lacune à combler : car cet esprit éminemment logique ne peut manquer de reconnaître que les faits sont la base de la science, et non la science. Aussi, ce qu'il lui faut, ce qu'il recherche, c'est un principe unique, qui en tête de leur longue série, étende et projette sa clarté sur tout l'ensemble; de même que, du centre du monde, le soleil répand sa féconde lumière sur tous les points de l'étendue.

Or, depuis long-temps, M. Thénard avait donné sa classification des métaux, divisés en six sections d'après leur affinité relative pour l'oxygène.

Depuis long-temps aussi M. Berzélius rangeait les corps simples d'après leur état électrique, et il attribuait, d'une manière générale, les affinités réciproques de ces corps à leurs électricités contraires.

Mais si la savante classification de M. Thénard et la grande idée de Berzélius étaient généralement reçues, ni leurs célèbres auteurs ni les autres chimistes n'en avaient fait jusque là aucune application importante. Ces germes puissans, dont on ne soupçonnait pas encore l'étonnante fécondité, étaient restés stériles faute de tomber sur un terrain convenablement préparé.

J'ai dit combien déjà notre jeune savant, avait remué et labouré, dans tous les sens, le vaste champ de la chimie. Aussi dès que ces deux faits capitaux eurent frappé son attention, un long trait de lumière traversa son esprit et illumina tout son sujet. Pour lui, ce fut comme à cet instant du matin où la nuit va faire place au jour : tout au bout de l'horison, du côté de l'orient qui commence à blanchir, part enfin une vaste gerbe de feu, et tout l'espace est inondé de lumière.

Aussi, dès ce moment, comme notre excellent Béranger quand il avait trouvé la forme saisissante et dramatique dont il voulait revêtir l'idée qui, bientôt après, devenait un de ses inimitables chefs-d'œuvres, il put dire en se frottant les mains : *bon, je tiens mon affaire.*

En effet, la chimie théorique et raisonnée venait d'être créé.

Ce jour, pour notre jeune reclus, fut un jour bien doux. Il le dédommagea amplement de son existence studieuse et retirée, uniquement consacrée, dans l'âge des dissipations et du plaisir, au culte de la science et au service de l'humanité. Et si sa joie ne fit pas explosion comme celle d'Archimède qui, après avoir résolu le fameux problème de la couronne, s'élançait hors du bain et courrait nu, par les rues de Syracuse en criant : *je l'ai trouvé, je l'ai trouvé*; elle n'en fut ni moins vive, ni moins pure; et, peut-être, beaucoup mieux fondée.

J'ai dit que, dès que le jeune Edouard Robin se fut approprié les deux idées mères de Thénard et de Berzélius, la chimie théorique fut fondée.

En effet il prend les métaux classés par Thénard et, dans chaque section, il intercalle les métalloïdes, en observant le double principe de leur état électrique et de leur plus grande affinité pour l'oxygène.

C'est ainsi qu'il obtient la liste suivante des corps simples :

1re SECT.	Potassium. Sodium. Barium. Stroncium. Calcium.
2e SECT.	Magnésium. Aluminium. Manganèse.
3e SECT.	*Bore.* *Silicium.* *Carbone.* Fer. Nickel. Cobalt. Zinc. Chrome. Etain. Antimoine. *Hydrogène.*
4e SECT.	Plomb. Bismuth. Cuivre. Argent. *Phosphore.* *Arsénic.*
5e SECT.	Mercure. *Soufre.* *Sélénium.*
6e SECT.	Platine. Or. *Bode.* *Oxygène libre.* *Bronze.* *Chlore* *Azote* (1). Oxyigène naissant.

Dans laquelle tous les corps sont rangés d'après leur état relatif d'électricité, c'est-à-dire de manière que les plus vitrés sont les premiers, et les plus résineux les derniers; ou, en d'antres termes de manière que chacun de ces corps est résineux relativement à tous ceux qui sont au dessus, et vitré relativement à tous ceux qui se trouvent au dessous.

Voyez maintenant ce qu'il sait faire de cette simple liste.

Deux corps simples ou composés se combinent d'autant mieux, ou ont, l'un pour l'autre, d'autant plus d'affinité que leurs électricités sont plus opposées.

Il suffit donc de jeter les yeux sur cette liste des corps simples, pour reconnaître aussitôt ceux qui ont peu ou beaucoup d'affinité.

Ainsi, l'oxygène qui se trouve dans la 6e section a très peu d'affinité pour les corps de cette section, un peu plus pour ceux de la 5e, plus encore pour ceux de la 4e, et ainsi de suite jusqu'aux métaux de la 1re.

Ce que prévoit la théorie, l'expérience le confirme. Il suffit en effet, de la plus légère chaleur pour décomposer les oxydes de la 6e section, tandis que, pour réduire les oxydes de la 5e, il faut une température assez élevée; et que ceux des quatre premières gardent toujours de l'oxygène même aux température les plus élevées.

De là suit encore la théorie de la décomposition des composés binaires.

J'ai un oxyde de plomb, c'est à dire un composé d'oxygène et de plomb. Qu'arrivera-t-il si je chauffe cet oxyde avec un

(1) Les corps soulignés sont les métalloïdes. On ne cite que les corps usités.

corps simple rangé plus haut que le plomb ? Je dois le prévoir.

En effet, le plomb placé assez loin au dessus de l'oxygène est par conséquent vitré à son égard. De là son affinité pour ce gaz et sa combinaison avec lui. Mais un corps rangé plus haut que le plomb, doit être encore plus vitré et avoir par conséquent une affinité plus forte pour l'oxygène. On conçoit donc que du *carbone* ou charbon pilé, par exemple, chauffé avec de l'oxyde de plomb doit enlever l'oxygène au plomb et celui-ci reprendre son éclat et ses autres propriétés métalliques. C'est aussi ce qui a lieu et les anciens chimistes disaient alors que le métal se revivifiait.

Mais, si au lieu de mettre en présence de l'oxyde de plomb un corps simple rangé au dessus du plomb, on eut mis un corps simple rangé au dessous de l'oxygène, et que, par exemple, on eut fait passer sur cet oxyde un courant de chlore, un raisonnement analogue au précédent, aurait fait prévoir que le chlore plus résineux que l'oxygène, et par conséquent ayant plus d'affinité pour le plomb, se serait emparé de ce métal, et que l'oxygène mis en liberté, se serait dégagé.

De ces faits il résulte évidemment *que pour deplacer l'élément vitré d'un composé binaire il faut employer un élément plus vitré, et que pour déplacer l'élément résineux, il faut se servir d'un autre élément plus résineux.*

Cette loi générale, si simple et si claire, nous initie déjà à tous les principaux mystères des réactions chimiques; elle rend, pour ainsi dire, transparentes les parois des récipiens et les matières contenues elles-mêmes. Dans les actions réciproques des particules mises en présence, elle nous permet, en quelque sorte, d'appercevoir et de suivre, avec les yeux de l'intelligence, leurs mouvemens si variés et si divers, que les yeux du corps sont tout à fait inhabiles à distinguer.

On conçoit que deux corps qui se trouvent assez rapprochés dans la classification, c'est-à-dire, qui font partie de la même section, doivent avoir a peu près les mêmes électricités; alors c'est la quantité qui supplée à l'énergie des affinités; ou en d'autres termes, c'est celui des deux élémens qu'on emploie en plus grande proportion qui déplace l'autre. Ainsi le fer et l'hydrogène, de la 3e section, s'enlèvent alternativement leur oxygène. M. Gay-Lussac, le premier, a remarqué et constaté les faits sur lesquels repose cette belle observation qui complète la loi des affinités.

Deux corps simples se combinent lorsqu'ils ont des électricités différentes. Il n'en doit pas être autrement de deux composés binaires analogues, je veux dire qui ont un élément commun, tels que deux oxydes, deux sulfures etc. C'est une autre conséquence de la classification.

Que dans les circonstances convenables, je mette en contact, par exemple, un oxyde de *soufre* et un oxyde de *fer*; puis-je prévoir ce qui va se produire? rien de plus facile. Je regarde la classification, et j'y vois le *fer* rangé assez loin audessus du *soufre*. Ces deux corps communiquent naturellement leur état électrique au composé qu'ils forment avec l'oxygène. Les deux oxides ont donc des électricités contraires, et, par conséquent, se combinent. Dans le composé nouveau qu'ils forment, l'oxyde de soufre est l'élément résineux, et l'oxyde de fer, l'élément vitré.

Ces sortes de composés ont reçus le nom de *sels*.

La classificaton fait prévoir les propriétés chimiques des corps simples, et, par suite, celles des acides et des oxides, et en général des composés binaires : c'est maintenant, je crois, une chose démontrée. Mais, à leur tour, les propriétés des acides et des oxides font prévoir celles des corps qu'ils constituent, c'est à dire des sels : c'est ce qu'il me reste à démontrer.

Entre mille exemples également concluants, je choisis de préférence, la solubilité des sels dans l'eau, comme une des propriétés les plus importantes de cette classe de corps.

Dans l'histoire des oxydes on apprend que ceux de la première section sont tous solubles, les trois premiers très fortement, les trois autres assez peu ; et que tous les oxides basiques des cinq dernières sont insolubles ; et dans l'histoire des acides qu'ils sont tous solubles à des degrés différens.

Cela posé ; la solubilité des sels, va se déduire et se trouver exposée en quelques mots.

1° Tous les sur-sels, dont l'acide est en assez grand excès pour qu'ils rougissent la teinture de tournesol, sont nécessairement solubles par l'acide en excès.

2° Tous les sels de potasse est de soude, neutres ou basiques, dont l'acide est moins résineux que le sulfurique verdissent fortement le sirop de violette. Les propriétés de la base y prédominent donc ; aussi tous sont-ils solubles par leur base ;

Les autres sels de potasse et de soude sont tous solubles à la fois par leur acide et leur base ; mais d'autant moins que l'acide est plus fort et neutralise mieux la base ; ainsi de tous les sels de potasse le moins soluble est le chlorate.

3° Tous les sels neutres autres que ceux de potasse et de soude ne peuvent être soluble que par leur acide puisque leur base est insoluble ou presque insoluble ; aussi tous les sels neutres à acides très forts tels que les chlorates, les azotates et les sulfates sont seuls solubles ; et s'il se présente quelques exceptions, elles sont encore indiquées par la théorie.

4° Enfin, sauf quelques exceptions très rares et que la théorie prévoit également, tous les sels basiques autres que ceux de potasse et de soude doivent être et sont, en effet, insolubles.

L'action de la chaleur sur l'eau contenue dans les sels, leur déliquescence, leur inflorescence, en un mot tous les faits relatifs à l'action générale de l'eau sur les sels, pourraient se déduire aussi facilement que leur solubilité.

Quant à l'action de la lumière sur les sels, et, en particulier, leur couleur, la théorie en est trop simple pour que je résiste à la tentation de l'exposer ici, en quelques mots.

La couleur des sels est précisément celle qu'on obtiendrait par le simple mélange des deux élémens qui les constituent. Or, tous les acides non métalliques, sont incolores ; par conséquent tous les sels doivent avoir la couleur de l'oxyde hydraté qui leur sert de base. Pour donc connaître la couleur des sels, il suffit de savoir la couleur des oxydes métallique ; ce qui peut s'apprendre, dans l'histoire de ces corps, en moins d'un quart d'heure.

Ainsi donc, voilà la solubilité et la couleur des sels, ces deux parties si importantes qu'elles constituent, presque à elles seules toute leur histoire, exposées dans ce qu'elles ont de plus essentiel, en quelques lignes seulement, et apprises, par un esprit très ordinaire, en moins de temps qu'il ne m'en á fallu pour les exposer.

Appliquez encore cette méthode de déduction à l'histoire générale des hydracides et des composés en *ure*, et vous aurez, avec ce qui précède, l'ensemble et les détails de toute la chimie rattachés à un seul et unique principe.

Je n'ai donc pas eu tort d'avancer que, dès que M. Édouard Robin se fut emparé des idées mères de Thénard et de Berzélius, la chimie théorique et raisonnée fut créée.

De là encore, il ressort avec la même évidence que le premier et le seul de tous les chimistes, M. Robin, peut dire dans le prospectus de ses cours :

« Tous les faits qui, par leur réunion, constituent la chimie, » sont des conséquences plus ou moins immédiates d'un prin- » cipe général. J'expose ce principe, contenu en quelques » lignes, et il me suffit ensuite de présenter les questions rela- » tives à tous les faits, dans l'ordre de leur plus prochain rap- » port avec le principe énoncé, pour que l'élève, capable de » faire le plus simple raisonnement, puisse résoudre toutes » ces questions avec la plus grande facilité : de sorte qu'à l'aide » de sa raison seule, il produit toute la chimie. »

Ce que M. Robin promet dans son prospectus, ses nombreux élèves sont là pour dire qu'il l'exécute et au-delà dans ses leçons. Cette belle et curieuse expérience se répète, avec ses cours, cinq ou six fois dans l'année, et dure depuis bientôt dix ans, c'est-à-dire depuis 1833, époque à laquelle il les ouvrit.

Si maintenant on compare, aux leçons publiques de chimie, cette enseignement si clair et si logique, pourra-t-on s'étonner de l'empressement des élèves à suivre ces cours dès qu'ils commencèrent à être connus ; empressement qui fut tel, qu'en 1834, un seul cours, pour lequel on ne payait que 30 fr., versa dans la caisse du professeur 4,000 fr., et que, l'amphithéâtre ne pouvant contenir tous les élèves, il fallut les partager en deux divisions?

Et alors paraîtra-t-il surprenant qu'en 1835, tous les élèves d'un même cours, saisis d'admiration pour le prodigieux talent de leur jeune professeur, et pénétrés de reconnaissance pour la facilité avec laquelle il abaissait devant eux la haute barrière qui les arrêtait à l'entrée de leur carrière si longue et si pénible, se soient tous cotisés, d'un accord unanime, pour lui offrir une riche médaille en or, avec cette inscription si remarquable :

Le travail et l'observation
recueillent les faits :
Le Génie
Découvre les lois qui les régissent.

Dans ce peu de mots, quelle portée! quelle profondeur! quelle étonnante appréciation des brillans travaux de notre jeune savant! quelle simplicité dans sa brève et concise expression! J'en appelle à l'Académie des inscriptions elle-même, les antiquités grecques et latines, si renommées en ce genre, nous offrent-elles rien de plus beau?

Hélas! ce retour vers le passé, ce souvenir de deux grands peuples qui ne sont plus, me remet en esprit qu'ici bas tout finit; excepté pourtant les impérissables créations de la pensée! et, s'il était permis de rapprocher, des brillans débuts de cette forte existence, le terme opposé qui, j'aime à le croire, restera plongé bien long-temps encore dans un lointain avenir; et que, du moment actuel, où notre jeune et habile professeur, dans toute la plénitude de ses hautes facultés, émeut, de sa parole sympathique et puissante, l'auditoire avide de l'entendre, on se transportât, par la pensée, au lugubre instant où, après une longue et glorieuse carrière, cette voix amie, achevant enfin de s'éteindre, laisserait un immense concours d'anciens et de récens élèves, suivre, mornes et silencieux, ses restes mortels au champ du repos, j'oserais alors proposer, qu'à la suite de ce nom, ÉDOUARD ROBIN, qui déjà ne doit plus mourir, on gravât sur la pierre, ces simples mots :

Le travail et l'observation
recueillent les faits.
Le Génie
Découvre les lois qui les régissent.

Ils renferment, à mon avis, le plus bel éloge, et de celui qui, si jeune, a su déjà les mériter, et des intelligens élèves qui ont su si bien les appliquer,

Le cours où M. Robin reçut cet éclatant témoignage d'estime et de reconnaissance, était celui que d'habitude il fait pendant les vacances; et, comme à l'ordinaire, il se trouvait composé de personnes de tout âge et de toute profession : des industriels, des maîtres de pension, des professeurs de l'Université, des chirurgiens de la marine et de l'armée, et même des officiers-supérieurs de la ligne.

Des esprits aussi sérieux ne pouvaient agir à la légére. Aussi, à cette haute marque d'estime, se joignit une grande et généreuse pensée; elle se trouve noblement exprimée dans la lettre qu'ils adressèrent alors à tous les journaux, et que je transcris de la *Gazette des Hôpitaux* :

« Monsieur le rédacteur,

» Les élèves de M. Edouard ROBIN, professeur particulier » de chimie, et auteur de la *Chimie raisonnée*, ont l'honneur de » vous prier de vouloir bien insérer, dans un de vos plus pro- » chains numéros, la copie ci-jointe d'une lettre qu'ils lui ont » adressée, en lui offrant une médaille d'or, en temoignage de » l'excellence de sa méthode, et en reconnaissance des soins » attentifs qu'il leur a prodigués dans ses cours.

» Tout progrès dans les méthodes scientifiques vient en aide » à la civilisation, objet constant de vos travaux; veuillez donc » accueillir notre proposition, et comme annonce d'un moyen » de perfectionnement social, et comme témoignage de notre

» gratitude pour le professeur distingué que nous signalons » aux amis de la vraie science.

» Agréez, etc.

» Les membres de la commission :

» *Signés :* CONSTANT, BOCQUET, F. ALPUENTE fils,
» GAUTIER, Ch. PIGEON, FLETCHER, H. WAU-
» DEPER, E. CHEVÉ, J. A. DE ARRANGOIZ. »

« A monsieur Robin, professeur de chimie :

» Paris, ce 26 décembre 1835.

» Monsieur et cher maître,

» Vos élèves, désirant vous remercier de votre extrême obli- » geance et témoigner publiquement de l'excellence de votre » méthode, vous prient d'accepter la médaille d'or ci-jointe. »

Suivent les signatures.

Toutes les personnes qui ont fréquenté nos grandes écoles, savent combien MM. les professeurs prisent haut l'approbation des élèves! Aussi, je laisse à penser ce qu'éprouva M. Robin, dans cette circonstance qui, pour lui, fera toujours époque!

En effet, malgré les dédains affectés par certains esprits pour les jugemens de la multitude, le plus bel éloge du mérite supérieur, sera toujours, en tout et partout, l'admiration sentie du public. Les exemples à l'appui sont si nombreux, que leur choix seul embarrasse.

Voyez Arago qui, dans ses lumineux rapports, alors même qu'il touche aux points de la science les plus élevés, sait redescendre au niveau des moindres esprits, émerveillés de le si bien comprendre; Béranger, dont les nobles et patriotiques accens frappent la verte tonnelle des pauvres guinguettes plus souvent encore que le lustre étincelant des riches salons; Buffon qui vulgarise les sciences naturelles dès qu'il se fait leur éloquent interprête; Pascal qui, sur d'arides questions de théologie, sait émouvoir, passionner et même divertir les indifférens et les intéressés, les hommes et les femmes, la ville

et la cour ; enfin, notre grand Molière qui, toujours prêchant morale pure et saine raison, excite toujours le même fou rire au parterre aussi bien que dans les loges, et les jours de spectacle gratis comme ceux de représentation à bénéfice. Oui ! se faire entendre de tous, tel est le triomphe et le secret du vrai talent. Aussi le premier, peut-être, des écrivains dont s'énorgueillira notre époque, a-t-il grande raison de dire : *Le génie, c'est la lumière* (1).

Par la lettre de ses élèves, on a vu qu'à cette époque M. Robin avait déjà publié sa *Chimie raisonnée* ; elle a eu trois éditions, successivement sacrifiées et retirées du commerce, alors même qu'elles étaient demandées avec empressement : l'impérieux besoin d'améliorer toujours son œuvre faisant taire en lui toute considération d'intérêt. Depuis trois ans bientôt, il en prépare une quatrième dont le premier volume est sous presse. Pour donner une idée d'un travail aussi consciencieux, je plaçais ici une courte analyse de la seconde édition ; mais je suis obligé de la supprimer pour ne pas dépasser les limites du cadre qui m'est imposé (2).

Je vais maintenant considérer M. Robin comme professeur, et le montrer tel qu'il est dans ses cours, au milieu de ses élèves.

Pour conserver à cette peinture toute sa couleur locale, j'aurai recours à une espèce de journal, écrit, dans le temps sous les impressions du moment ; et, plus tard, mis sous forme de lettres pour complaire à un ami à qui je les suppose adressées.

. . . .

. . . .

. . . .

« Vous ne l'avez point oublié, mon cher ami, c'est deux ans » après la publication de la seconde édition, vers la fin de » 1838, qu'ensemble nous commençames à suivre les cours de

(1) Timon, *Livre des Orateurs*.

(2) On retrouvera cette analyse dans la notice publiée en son entier telle qu'elle a été d'abord composée et dont ce qu'on lit ici n'est en quelque sorte qu'un extrait. Cette notice doit servir de préface à l'ouvrage de M. Robin.

» M. Robin; tous deux nous y venions à bout d'efforts pour sa-
» voir la chimie et presque en désespoir de cause.

» En effet, depuis bientôt six ans, nous poursuivions obsti-
» ment le même but. Mais tous les traités de chimie successi-
» vement étudiés, tous les cours assidûment suivis; que nous
» avaient-ils appris? Si peu, qu'à peine vaut-il d'en parler. Il
» est vrai qu'à force de travail opiniâtre et persévérant, nous
» étions enfin parvenus à nous rendre assez familières quelques
» extractions des plus communes, à connaître, tant bien que
» mal, quelques-uns des corps simples, des acides, des oxy-
» des et des sels parmi les plus employés; mais la science elle-
» même, sa propre substance, cette immense quantité de faits
» qui la constituent, tout cela, en réalité, se trouvait dans nos
» têtes, comme dans les traités, pêle-mêle et confusément
» entassé.

» Aussi, quelle joie fut la nôtre! lorsque, seulement après
» quelques leçons, nous pûmes découvrir et mesurer, d'un coup
» d'œil, l'espace à parcourir, et reconnaître les points princi-
» paux, habilement distancés, sur la route à suivre. Elle n'était
» donc nullement fondée, cette malheureuse croyance passée
» presque en axiome : *que c'est au laboratoire seulement, au
» milieu des fourneaux, des alambics, des creusets et des cornues
» que peut s'apprendre la chimie, en mélangeant et triturant des
» produits, en soufflant et courbant des tubes, rapant et ajustant
» des bouchons, filtrant des liqueurs, décantant des dissolutions,
» recueillant des précipités, etc., etc.* Il était donc possible d'étu-
» dier cette belle science, et même de l'acquérir, sans toujours
» aller en aveugles, les yeux fermés et à tâtons; sans cons-
» tamment annihiler son intelligence, et faire mille essais infruc-
» tueux pour tomber, de hasard, sur un fait nouveau, mais
» inattendu. A peu près comme ces soi-disant beaux esprits des
» lettres persannes qui, pour rencontrer un bon mot, débi-
» taient, au milieu d'une assemblée, mille impertinentes sot-
» tises.

» Mais, il faut bien l'avouer, imprégnés comme nous l'étions,
» et depuis si long-temps, du commun préjugé, ce ne fut ni

» sitôt, ni sans peine, que nous pûmes nous en défaire. Tel est » le tout puissant effet de l'habitude : qu'il se produise une vé- » rité nouvelle ; pour que nous l'adoptions, c'est peu que la » raison nous la montre et fasse toucher du doigt ; il faut encore » qu'une habitude contraire nous en donne la force et, en » quelque sorte, les moyens. Nous l'éprouvâmes bien dans » cette circonstance. Chaque jour, en effet, comme tous nos » condisciples, nous étions bien forcés d'admirer la netteté » d'exposition, la vigueur de raisonnement, le naturel et la » facilité d'élocution constamment déployés par le jeune et » habile professeur ; de reconnaître que, dans ces leçons im- » provisées, l'ensemble des faits était analysé et toutes leurs » circonstances discutées, comme un algébriste analyse et » discute toutes les conditions d'un problème ; mais que pou- » vait cela? la prévention sait-elle raisonner? sait-elle seule- » ment voir et entendre? Entre ces pressantes sollicitations de » l'évidence et les entraînemens contraires de l'habitude, vous » souvient-il combien pénible était notre embarras? Pour nous » en tirer, il fallait une secousse, quelque chose d'inusité, » d'extraordinaire.

» C'est aussi, fort heureusement, ce qui nous advint à quel- » ques jours de là.

» Arrivés au cours, quelque temps avant l'heure, nous y » trouvâmes d'autres élèves, et quelques-uns, nouveaux » comme nous, groupés autour d'un plus ancien qui allait pas- » ser son premier de médecine : c'était le malheureux N..., » excellent jeune homme, d'un esprit supérieur et plein » d'avenir, mais dont la fougue insouciante et trop peu ré- » glée, a causé la triste fin qui laisse encore, à tous ses amis, » de vifs regrets. Il avait la parole, et s'exprimait avec chaleur » sur les avantages du nouvel enseignement. — Oui, messieurs, » disait-il à ceux qui l'entouraient, grâce à cette excellente » méthode, une heureuse mémoire n'est plus indispensable ; » l'intelligence et le raisonnement y suppléant de reste ; et si » bien, que n'importe à quel moment et sur quelle partie, » M. Robin, sans autre préparation, vous improvisera une le-

» çon, plus étendue, plus complète et plus nourrie de faits que » ne l'est aucun traité sur le même sujet.

» Nous nous étions approchés; et, à ces derniers mots, vous, » l'interrompant : — Ce que vous dites là, monsieur, n'est pas » impossible, mais, selon moi, bien difficile. J'ai suivi, et long- » temps, tous les cours de chimie qui se font à Paris; et, » d'après ce que j'ai pu voir, je me trompe fort, si aucun des » savans professeurs que j'ai entendus acceptait pareille tâ- » che, surtout à ces conditions. Le plus grand nombre font » leur leçon sur des notes bien préparées; quelques-uns, et » cela se voit de reste, la récitent de mémoire, après l'avoir » répétée le matin; mais tous..... — Eh! monsieur, reprit-il » vivement (votre interruption l'avait contrarié), suis-je donc » d'hier? et tout cela, croyez-vous que je l'ignore? Mais je di- » sais, et, malgré votre observation, je maintiens que, par » l'effet nécessaire de sa méthode raisonnée, M. Robin produit » spontanément ses leçons et ne les récite point. Je dis plus : » il pourrait, séance tenante, vous exposer toute la chimie; » commencer par le milieu, revenir au commencement, et de » là sauter à la fin; résumer telle partie ou la développer; ne » citer que des faits ou discuter toutes leurs circonstances; tout » cela sur vos indications et à votre fantaisie. Vous êtes étonné; » je le conçois. Avec vos idées actuelles sur la chimie, il n'en » peut être autrement. Mais, ne me croyez pas sur parole : » faites-en vous-même l'expérience. Dès aujourd'hui, vous le » pouvez. Tout à l'heure, comme il nous l'a dit hier, M. Robin » va reprendre et résumer, en une seule, toutes les leçons pré- » cédentes sur l'histoire générale des métalloïdes; à trois heu- » res, après la physique, aura lieu le second cours de chimie; il » en est déjà à la fin de l'histoire des métaux; enfin, ce soir, à » sept heures, M. Robin a la bonté, pour quelques-uns de nous » qui allons passer notre examen, de résumer les principales » parties de la grande histoire des sels; vous pouvez suivre ces » trois séances; après quoi, je m'en rapporte complétement à » vous, pour me dire si j'ai rien exagéré.

» A pareille argumentation, quelle réplique? il fallait ac-

» cepter ou se taire. Vous acceptâtes, après un regard échangé » entre nous, qui vous assura que je n'étais pas moins impa- » tient de cette curieuse expérience. Puis, M. Robin étant en- » tré, la première séance commença.

» C'était la première fois que nous assistions à une de ces » belles leçons d'ensemble. Dans les autres, pour suppléer à » sa dernière édition beaucoup trop en arrière du cours, » M. Robin dictait d'abondance les notes à prendre sur chaque » partie développée; il accueillait les objections, et, sur le » champ, y répondait; il questionnait tantôt l'un, tantôt l'au- » tre, pour voir s'il était bien compris; il revenait sur ses expli- » cations et les présentait sous une forme nouvelle et plus sai- » sissante. Cette manière de procéder est plus instructive, plus » favorable aux progrès des élèves; elle exige aussi, dans le » professeur, une solidité et une profondeur de savoir, une » puissance et une variété de ressources bien plus rares; mais » elle le retient toujours terre à terre; elle l'empêche de grandir, » de s'élever avec l'inspiration du moment; de répandre au » dehors et de communiquer à son auditoire cette chaleur » intérieure qui se développe et va toujours croissant à » mesure que ses idées s'arrangent, s'éclairent, et se dé- » ploient; elle empêche surtout les puissans et magiques » effets des grandes et majestueuses proportions vues à distance. » Mais tous ces avantages que, dans les leçons ordinaires, » M. Robin néglige à dessein, il sut bien les reprendre dans ce » magnifique résumé qui remplit toute la séance. Rien n'y » manqua : exposition des faits claire et précise; rapproche- » chemens lumineux et nouveaux; raisonnemens serrés et con- » cluans; déductions rigoureuses; discussions approfondies; » questions nettement posées et aussitôt résolues, mise en re- » lief des points essentiels, vues d'ensemble étendues et pro- » fondes; tout cela sans note aucune, produit naturellement, » sans effort et coulant comme de source. C'est ainsi qu'il excita » et soutint, pendant une heure et demie, notre juste admira- » tion.

» La leçon finie, notre étudiant se leva pour sortir et, pas-

» sant près de nous : — Je ne vous demande pas si vous êtes » satisfaits ; il n'en peut être autrement. Mais je vous dirai que » le plaisir que vous venez d'éprouver, vous l'aurez plusieurs » fois encore ; car l'habitude de M. Robin est de résumer ainsi » en une seule, toutes les leçons faites sur une même classe de » corps. Je ne puis assister à la leçon de trois heures ; mais » votre intention, messieurs, est, sans doute, de pousser jus- » qu'au bout cette épreuve si bien commencée ? J'espère donc » vous retrouver à la répétion de sept heures. Nous l'assurâmes » que nous y serions ; et il sortit.

» Après la leçon de physique et les dix minutes de répit qu'il » se donne pour reprendre haleine, M. Robin commença le » second cours de chimie. Ce jour-là, il s'agissait de l'action » des métalloïdes, et en particulier de l'oxygène sur les métaux. »

. . . .

Je saute quelques passages indifférens et j'arrive à celui-ci qui rentre dans mon sujet.

C'est M. Robin qui parle.

« Les métaux des 2e, 3e et 4e sections, remarquez-le, mes- » messieurs, ajouta-t-il ensuite, absorbent lentement l'oxy- » gène humide. Ils se recouvrent, assez vite, d'une pellicule » d'oxyde qui, par son insolubilité, arrête ou, tout au moins, » ralentit considérablement leur oxydation ultérieure.

» *Mais, cette oxydation, ne pourrait-on pas la rendre plus* » *rapide ?*

» Puisque le métal ne s'oxyde lentement que parce qu'il se » recouvre d'une pellicule d'oxyde insoluble, il suffit, pour » accélérer l'oxydation, d'enlever cet oxide au fur et à mesure » qu'il se forme. Ce qui est bien facile par le contact d'un au- » tre oxyde qui fasse avec lui un composé soluble.

» Ainsi, le fer et l'étain, dans l'eau, s'oxydent lentement ; » mais versez de l'acide sulfurique dans le verre où se trouve » le premier, et de la potasse dans celui où se trouve le se- » cond ; l'oxydation deviendra très rapide, et bientôt vous

» n'aurez plus qu'un sulfate de fer et un stannate de potasse.

» Dans ces deux cas, l'eau est décomposée par le métal mis » à nu, et il se dégage de l'hydrogène.

» Le procédé que donnent les auteurs, pour l'extraction de » l'hydrogène, n'est qu'une application du premier cas de ce » fait général.

» Encore leurs explications semblent-elles indiquer qu'ils ne » voient pas nettement comment se fait la réaction.

» Ils disent bien que, sous l'influence de l'acide, le métal » s'oxyde au dépend de l'oxygène de l'eau; et que l'hydrogène, » mis en liberté, se dégage; mais comment cette influence de » l'acide?

» Vous allez voir que le principal, l'unique rôle de l'acide, » qui est de dissoudre l'oxyde insoluble au fur et à mesure » qu'il recouvre le métal, de sorte que celui-ci soit toujours » à nu, en contact avec l'eau, n'a pas été reconnu.

» D'abord, ce fait, si simple à énoncer, on ne le trouve même » pas indiqué dans les traités; mais il y a plus : c'est qu'il est » impossible qu'il ait été vu tel que je l'ai énoncé dans toute sa » généralité.

» La preuve, je la tire d'un fait assez récent. Jusqu'à ces » derniers temps, les métaux n'étaient divisés, d'après » M. Thénard, qu'en six sections. Depuis, on a jugé convena- » ble de partager, en deux groupes, les métaux qui décompo- » sent l'eau au rouge, et qui, auparavant, formaient la » 3e section.

» Voici le raisonnement sur lequel on s'est appuyé. Puisque » parmi ces métaux il en est qui, sous l'influence des acides » forts, décomposent l'eau et lui prennent son oxygène, ces » métaux ont donc pour l'oxygène plus d'affinité que ceux qui, » dans les mêmes circonstances, ne décomposent point l'eau; » parmi les premiers, sont le *fer* et le *zinc*, parmi les seconds, » l'*étain* et l'*antimoine*; les premiers étant donc plus vitrés que » les seconds, doivent former la 3e section, et les autres, la » quatrième. Oui. Mais que répondre à cet autre raisonnement?

» Parmi les métaux qui décomposent l'eau au rouge, il en est

» qui, sous l'influence des premiers alcalis, la potasse et la » soude, décomposent l'eau et lui prennent son oxigène. Ces » métaux doivent donc avoir pour l'oxygène plus d'affinité que » ceux qui, dans les mêmes circonstances, ne décomposent pas » l'eau et ne lui enlèvent pas son oxygène. Parmi les premiers » sont l'*étain* et l'*antimoine*, parmi les seconds, le *fer* et le *zinc*. » Les métaux du groupe de l'étain doivent donc former la » 3e section, et les autres, la quatrième.

» *Cette conclusion, précisément l'opposée de la première, n'est-» elle pas fondée aussi bien qu'elle ?*

» J'en conclus : que le fait général par lequel l'oxydation des » métaux à oxydes insolubles peut être accélérée, n'a pas été » reconnu ; que, du fait incomplet qui a été observé, on n'a pu » tirer que des conséquences inexactes ; et que, par consé-» quent, il faut laisser les choses comme elles étaient aupara-» vant, c'est-à-dire, conserver la division des corps simples en » 6 sections. Aussi, n'ai-je point adopté cette nouvelle subdi-» vision. »

. . . .

. . . .

. . . .

» C'est au sortir de cette lumineuse et savante leçon, que » vous me dites : — Mon ami, il avait raison, l'étudiant ; et » quoique nous en ayons, il faut bien nous ranger à son avis. » Nous continuerons d'aller aux leçons publiques, y voir faire » de grandes et belles expériences, et nous reviendrons, ici, » en étudier et comprendre la théorie.

» A sept heures eut lieu la répétition sur les sels. Elle était » commencée quand nous arrivâmes. Notre étudiant s'y trou-» vait déjà.

» Dans cette séance, M. Robin exposa succinctement, l'ac-» tion du colorique sur les sels, leur solubilité, leur couleur » et leurs propriétés essentielles. Chacun de ces articles, à la » manière dont il en présente, développe et déduit toutes les » parties, est une création nouvelle, qui lui appartient en pro-» pre, et dont vainement on chercherait ailleurs l'analogue.

» Après la leçon, notre étudiant, le visage épanoui et tout » rayonnant, vint à nous. — Eh bien! messieurs, comme le » bonhomme du parterre, à la première représentation des » *Précieuses ridicules*, ne direz-vous pas : *Courage, Édouard* » *Robin! voilà la bonne, la vraie chimie.*

« L'excellence de ces cours, continua-t-il, est déjà parfaite- » ment appréciée par tous les élèves un peu laborieux qui les » suivent, et bientôt, je l'espère, elle le sera de tout le monde. » Déjà on en parle au dehors; et ils commencent à y faire sen- » sation. Entre plusieurs faits à l'appui, je puis en citer un qui » m'est particulier. Un de mes amis, jeune homme plein de » moyens, fait ses études pour être pharmacien. Je sentais toute » l'importance, pour lui, qu'il suivît ces leçons; mais il con- » nait particulièrement le préparateur du cours de la Sorbonne » et se croyait, ainsi, à la source de toute science. J'eus donc » beaucoup de peine à le décider, enfin je suis parvenu à l'y » entraîner. Il les suit depuis trois mois. Auparavant il n'était » qu'un petit garçon auprès de son ami; aujourd'hui, les rôles » sont changés. Il lui fait la leçon au grand étonnement de l'un » et de l'autre. »

. . . .

. . . .

. . . .

J'ajouterai que, parmi ses bons élèves, depuis dix ans, M. Robin compte environ huit cents docteurs médecins exerçant aujourd'hui sur les différens points de la France; et qu'il en reçoit toujours des témoignages très flatteurs de bon souvenir et de haute considération.

Ainsi la plupart, lorsqu'il sont reçus docteurs, ne manquent guère à lui faire hommage de leur thèse; et, déjà tout un rayon de bibliothèque s'en trouve garni;

Mais ils n'en restent point là : c'est surtout par leur empressement à faire connaître son excellente méthode, à leurs entours, que ses cours se recrutent et s'entretiennent chaque année.

C'est par ce moyen-là que M. Robin a, depuis six ans, une

honorable clientelle parmi les chirurgiens de marine; soit que, profitant de leurs congés, ils viennent à Paris pour prendre les premiers grades indispensables aux doctorat; soit qu'ils y viennent uniquement pour étendre et compléter leurs connaissances scientifiques.

Ainsi encore M. Fletcher, un des signataires de la lettre aux journaux, et, déjà à cette époque, membre du collége royal des chirurgiens de Londres, lui écrivait, il n'y a pas long-temps, et le priait avec instances d'imprimer au plutôt la nouvelle édition de la chimie raisonnée; lui disant qu'il attendait impatiemment qu'elle parut, pour la traduire aussitôt et la publier en Angleterre;

En outre, parmi ses élèves un assez bon nombre, à Paris ou en province, professent la chimie d'après sa méthode. Tel est, à Lyon, M. Emile Chevé : docteur médecin, ancien chirurgien de marine, esprit très distingué, ayant acquis, sur les différentes branches de l'histoire naturelle, des connaissances très étendues et très variées, à Paris, pendant plusieurs années, il s'est fait remarquer par ses cours particuliers d'anatomie; aujourd'hui même ces cours sont continués d'après sa méthode qui porte son nom. Méthode qui n'est, comme aime à le dire M. Chevé lui-même, que le développement d'une première idée de M. Robin.

Puisqu'ici je m'occupe particulièrement de M. Robin comme professeur, je dois dire, qu'avec la chimie, il enseigne simultanément, la physique, la zoologie, la botanique, et la géologie, en un mot, toutes les parties des sciences naturelles exigées pour le baccalauréat-ès-sciences et le premier examen de médecine. Dans chacun de ces cours accessoires, se retrouvent toutes les éminentes qualités qui le distinguent comme professeur de chimie; même lucidité d'exposition, même enchaînement des idées, et cette invariable méthode de rattacher à quelques faits primordiaux, tous les faits secondaires qui en découlent comme conséquences; et puis, çà et là, quelques grandes vues, quelques idées neuves, qui éclairent d'un jour nouveau les parties auxquelles elles se rapportent.

Un dernier coup de pinceau pour achever la ressemblance.

Notre poète national, Béranger, a dit quelque part : *le peuple c'est ma muse !* La muse de M, Robin, c'est un nombreux auditoire. C'est en effet à son cours, au milieu de ses élèves attentifs, sous l'inflence des vives excitations qu'il en reçoit, que ses belles facultés se déploient, qu'elles acquièrent toute leur force, toute leur plénitude. Combien de fois ne m'a-t-il pas dit lui-même : *A mon cours, je vaux certainement deux fois plus que dans mon cabinet.* Oui, l'amphithéâtre de M. Robin est pour lui, ce qu'est le champ de bataille pour le grand capitaine. C'est là qu'ont pris naissance toutes ses grandes conceptions ; et c'est aussi là qu'elles ont reçu leur dernière élaboration.

Pour remplir complétement la tâche que je me suis imposée il me resterait à exposer les trois découvertes de M. Robin, qui lui feront toujours le plus d'honneur ; mais ici encore, par le manque d'espace, il faut me restreindre, et ne faire qu'indiquer chacune d'elles.

La première en date, c'est la nouvelle composition que M. Robin assigne aux oxydes et en général a tous les composés binaires.

On a vu comment M. Robin, grâce à son excellente méthode de déduction, pouvait reproduire à volonté et se représenter simultanément tous les faits de même ordre, tous ceux qui se rapportent à un même sujet.

C'est par cette revue simultanée des actions et réactions de la classe entière des oxydes qu'il est arrivé à remarquer que parmi les oxydes d'un même radical, il en est toujours un qui en toute circonstance, se comporte comme un élément binaire : aussi l'appelle-t-il *oxyde réel.*

Que parmi les autres oxydes de ce même radical,

Ceux qui sont plus oxygénés que cet oxyde réel, agissent toujours comme des composés de cet oxyde réel uni à un excès d'oxygène ;

Et ceux moins oxygénés, comme des composés de cet oxyde réel uni à un excès de radical.

De là trois classes d'oxydes :

Les *oxydes réels* véritables élémens binaires dans lesquels ni l'oxygène, ni le radical n'est en excès;

Les *oxygénates d'oxyde réel*, espèces de sels à acide gazeux dans lesquels l'oxygène en excès est uni à l'oxyde réel;

Enfin les *oxydes composés de métal et d'oxyde réel*, autres espèces de sels dans lesquels l'oxyde réel, qui joue le rôle d'acide, est uni au radical en excès.

Ainsi, par exemple, dans la série des oxydes de cuivre :

Le bioxyde, est l'oxyde réel.

Le quadroxyde un composé d'oxygène uni à l'oxyde réel ou bioxyde ;

Le protoxyde est composé de métal uni à l'oxyde réel ou bioxyde.

Observez que cette nouvelle théorie n'a rien d'arbitraire ni de préconçu; elle n'est tout simplement que la traduction, l'expression même des faits. Ce qui doit être pour toutes les théories possibles, ainsi que l'observe M. Thénard, cet esprit si net et si positif, notre plus ancienne et encore aujourd'hui notre première gloire en chimie.

Au reste cette composition n'appartient pas seulement aux oxydes métalliques; elle est également vraie pour tous les composés binaires; oxacides, hydracides et composés en *ure*. Aussi M. Orfila, dont l'esprit éminemment progressif accueille toujours et appuie de toute l'influence de sa haute position scientifique toutes les améliorations de la science, M. Orfila, dis-je, dans ses savantes leçons à l'école, reconnaît maintenant que pour se rendre compte des réactions de l'acide *hypo sulfureux*, il le faut regarder comme un composé d'acide *sulfureux* et de *soufre*, c'est-à-dire comme un *sulfite de soufre* : et la théorie de M. Robin n'est pas autre chose.

Avec cette nouvelle manière de considérer la composition des composés binaires, toutes leurs actions et réactions s'expliquent et se prévoient sans acune difficulté; avec l'ancienne, au contraire, aucune loi générale, nulle analogie possible, partout et toujours le raisonnement en défaut, le bon sens dérouté. Je pourrais citer mille faits à l'appui, mais faute d'espace j'en appelle seulement à l'expérience des chimistes.

La seconde découverte de M. Robin est *sa grande loi des doubles décompositions*.

Remarquez que je dis la loi, et non les lois des doubles décompositions; car M. Robin n'en admet qu'une ; et au lieu de la restreindre aux sels seulement, il prouve par les faits, qu'elle s'étend également à toutes les classes des corps composés, n'ayant pas d'élément commun ou d'une même famille.

La voici énoncée dans toute sa généralité :

Deux composés quelconques, qui n'ont pas d'élément commun et qui se trouvent ensemble, dissous, fondus ou seulement ramollis, se décomposent toujours au moins en partie.

Ici, dans cet extrait, je me borne à l'énoncé ; mais tous les faits à l'appui seront largement exposés dans la notice publiée en son entier.

Enfin, j'arrive à sa troisème découverte ; découverte selon moi, si capitale, qu'elle doit rénover la science toute entière, et y produire ce qu'en astronomie à produit l'attraction du grand Newton.

Depuis long-temps, M. Robin, déduisait de la constitution moléculaire des corps, toutes leurs propriétés générales.

Mais, pour les propriétés particulières qu'on désigne en chimie sous la dénomation commune de propriétés physiques, il n'en était plus de même. Ainsi la *dureté* plus ou moins grande dans les corps, leur *densité*, leur *malléabilité*, leur *ténacité*, la propriété qu'ils ont où n'ont pas de *cristalliser*, leur *conductibilité*, etc., etc. Toutes ces propriétés et leur diverses circonstances, M. Robin de même que tous les auteurs, les présentait comme des faits isolés, sans liaison ni mutuelle dépendance. Seulement, à la manière dont il les rapprochait et les groupait; à la manière surtout dont ils les discutait, on entrevoyait le besoin senti de leur trouver un lien commun. C'est ce lien qu'enfin il est parvenu à découvrir, comme Newton, à force d'y penser. Aujourd'hui toutes ces propriétés physiques il les déduit et relie entre-elles, dans ses histoires générales comme il le faisait déjà si bien, pour les propriétés chimiques.

Voilà un an passé que M. Robin expérimente, dans ses cours, cette nouvelle manière de concevoir et d'exposer tous ces faits, et cela à la très grande satisfaction de ses élèves qui se trouvent ainsi n'avoir plus rien à apprendre et à retenir de mémoire.

Cette importante partie de ses travaux se trouve admirablement exposée dans le volume qu'il met sous presse. J'y renvoie : c'es là seulement qu'on pourra s'en faire une idée convenable.

En attendant, voici, sans déduction, ni développement, ce qu'elle est en substance.

Principe unique. — *Toutes les propriétés des corps résultent nécessairement de la température de leur point de fusion et du mode de leur refroidissement.*

Densité.

De deux métaux qui ont une grande densité le plus dense est celui qui fond à une plus haute température : ainsi le *platine* et l'*or*; de deux métaux qui ont très peu de densité, le moins dense est celui qui fond le plus facilement : ainsi le *potassium* et le *sodium.*

. . . .

Dureté.

Quelle est la dureté relative des métaux?

Les métaux non-cristallins sont tous moins durs que les métaux cristallins; et, parmi ces derniers, les plus durs sont ceux qui ont cristallisé à une plus haute température.

A ce sujet, remarquez ce que peut le génie de déduction! Il atteint au-delà même de nos moyens actuels d'investigation.

Que, par la suite, on arrive à produire des chaleurs, cent fois, mille fois plus fortes que celles de nos feux de forge et de chalumeau; qu'en un mot on trouve le moyen de fondre tous les corps jusqu'à ce jour infusibles, pourrait-on, dès à présent, assigner l'ordre de leur fusibilité relative? Cette surprenante question, a sa réponse précise quelques lignes plus haut.

L'ordre de leur dureté relative qui est connu, donne celui

de leur fusibilité relative qui ne peut l'être encore ; ainsi le diamant, de tous les corps le plus dur, devra se trouver aussi le plus infusible.

Pressentir et annoncer avec une netteté si précise des faits qui n'appartiennent qu'à l'avenir, quelle marque plus grande de génie! les annales des sciences en offrent-elles beaucoup de pareilles? Et les prévisions de Newton sur la nature composée de l'eau, de Bichat sur la céreuse du viscère encephalique, si justement admirées, sont-elles plus admirables?

Ce n'est pas tout. La température de la fusion, fournit encore à M. Robin, une base solide pour une classification nouvelle des corps simples; et de cette classification il déduit toutes leurs propriétés et physiques et chimiques. Aussi, maintenant, pour l'explication des actions et réactions chimiques, il peut se passer complétement de l'hypothèse des deux fluides qu'il rejette comme au moins inutile.

Ainsi se trouve complétement résolu cet immense problème que bien jeune encore M. Robin se posa lui-même et qu'il aborda comme on l'a vu avec une si remarquable résolution : *à un seul fait primordial et principe rattacher, par de rigoureuses déducation logiques, tous les phénomènes simples et composés qui constituent la chimie.*

Douze longues années de séquestration volontaire et et de travail opiniâtre ont été employées à son entière et complète solution. Tant et de si persévérans efforts ont-ils été dignement récompensés? Pour que le lecteur en puisse juger mieux, je mets sous ses yeux leur résultat. C'est le résumé sommaire du nouveau traité tout entier.

L'objet de la chimie minérale est de nous faire connaître, par leur histoire détaillée, tous les corps de la nature inorganique.

Tous ces corps se rangent naturellement dans trois grandes divisions :

Les corps simples ou les métalloïdes et les métaux ;

Les composés binaires, qui comprennent tous les composés oxygénés et tous les composés en *ure*.

Les composés ternaires et quaternaires, ou les sels simples et composés.

Chacune de ces classes sera la matière d'un volume.

Le premier renfermera l'histoire générale des métalloïdes et des métaux, la théorie de la combustion, de la flamme et des principales espèces de chalumeaux.

Dans le second, on trouvera l'histoire générale des oxacides et oxydes métalloïdiques, puis successivement celles des oxydes métalliques, des hydracides et des composés en *ure*.

Le troisième sera consacré tout entier à l'histoire générale de la grande classe des sels.

Telle sera la distribution générale.

Quand à l'économie particulière de chaque histoire générale, toujours la même pour toutes, on la trouva aussi simple que bien déduite.

Comme principaux chefs : elle comprend l'action des agens impondérables, puis celles des agens pondérables sur la classe de corps qu'on étudie, les propriétés essentielles de ces corps, leur état naturel et leur extraction.

Je reprends :

Les agens impondérables sont : le calorique, le fluide électrique, le magnétisme et la lumièré. Les trois derniers, pour la plupart des savans, ne sont aujourd'hui que des modifications du calorique ; qui d'ailleurs est le plus important ; car son action influe toujours plus ou moins sur celles des autres. C'est par elle aussi que commence chaque histoire.

L'action du calorique comprend : l'état des corps et toutes les circonstances de dilatation relatives aux trois états solide, liquide et gazeux ; leur ramollissement, leur fusion et leur volatilisation ; aux articles du ramollissement et de la fusion se rattache, comme on l'a vu plus haut, l'examen de la plupart des propriétés physiques.

Puis viennent les actions du magnétisme et du fluide électrique ;

Enfin, l'action de la lumière. Sa théorie n'est pas une des moins heureuses créations de notre jeune professeur. Elle comprend la transparence et la réfraction, l'éclat et la couleur. Aujourd'hui encore, j'aime à me rappeler avec quelle finesse d'observation, M. Robin, dans son cours, nous faisait remarquer combien l'éclat et la couleur varient dans les corps, suivant qu'ils sont en masses plus ou moins cohérentes, ou en poudres plus ou moins ténues, plus ou moins agglomérées; et comme tous les faits particuliers venaient bien tous à l'appui des lois constantes qu'il a su saisir parmi ces nombreuses variations.

Voilà pour les agens impondérables.

L'action des agens pondérables n'est autre que celle des corps eux-mêmes les uns sur les autres. Parmi eux, l'air et l'eau, par leur influence si puissante et si variée, exigent une attention toute spéciale.

L'eau est si constamment et si intimement unie à la plupart des corps, que son action, pour la plus facile intelligence des autres, doit être étudiée la première. Cette action comprend deux articles : la *décomposition* et la *solubilité*. De cette dernière dépendent la *saveur* et l'*odeur*, et par suite les *usages* physiologiques ou thérapeutiques. Quant aux usages dans les arts et l'industrie, leur place se trouve naturellement à l'article des extractions.

Vient ensuite l'action de l'air par ses élémens actifs, la vapeur d'eau, l'acide carbonique et surtout l'oxygène;

Puis successivement, dans l'ordre où elles ont été étudiées, l'action des classes de corps qui précèdent celle qu'on étudie;

Puis, enfin, l'action des corps de cette dernière les uns sur les autres.

Voilà pour les agens pondérables.

Après cet examen raisonné des actions diverses de tous les agens modificateurs, on connait, évidemment et sans omission possible, toutes les propriétés des corps dont on s'occupe; mais, parmi elles, il en est de particulières, de caractéristiques qui peuvent servir à les reconnaître, à les distinguer les uns des autres. C'est là l'objet du chapitre des *propriétés essentielles*. Il n'est, comme on voit, qu'une remémoration de connaissances acquises. Aussi, maintenant, ne faut-il plus qu'un peu de bon sens et de réflexion là où, auparavant, la plus heureuse mémoire restait impuissante.......

Toutes les propriétés d'un corps et le moyen de le distinguer entre tous, une fois connus, que peut-on en savoir encore ? Où et comment on se le procure. Aussi, l'état naturel et les extractions sont-ils les deux chapitres qui complètent et terminent toutes ces histoires générales.

Tous les corps simples et la plupart des corps composés, se trouvent dans la nature, soit à l'état de liberté, soit à l'état de combinaison. C'est le chapitre de l'*état naturel*.

Quant aux différens moyens d'obtenir les corps simples ou composés, il est évident qu'ils se réduisent tous à trois essentiellement différens. Pour les corps qui se rencontrent dans la nature à l'état de liberté, il suffit de les aller prendre là où ils sont; pour les autres, il faut, ou les extraire des composés qui les contiennent, ou les faire artificiellement de toutes pièces. C'est là ce qu'expose, sous le point de vue purement théorique, ce dernier chapitre, qui résume et clôture l'histoire générale de chaque classe de corps.

Ici, je dois faire ressortir une différence capitale qui distingue la *chimie raisonnée* de tous les autres traités de chimie. Dans ceux-ci, en effet, on ne trouve que des histoires particulières des différens corps que l'on étudie, et, en tête de certaines classes, quelques généralités; mais si incomplètes, qu'elles indiquent un besoin plutôt senti que satisfait; dans celle-là, au contraire, vous n'avez que des histoires générales des différentes classes de corps, mais si complètes, qu'on y trouve sans omission possible tous les faits particuliers relatifs à chacun des corps de la classe. Il en résulte que; dans les traités, les histoires particulières ne peuvent être et ne sont que des collections incohérentes de faits isolés, et que, dans les histoires générales de la chimie raisonnée, tous les faits de même ordre peuvent être et sont groupés et rapprochés, les fondamentaux en tête et les autres déduits de ceux-là par une série de questions, dont chacune prépare et amène la suivante; il en résulte aussi que, dans les traités, les histoires particulières sont le principal, et les généralités l'accessoire, tandis que, dans la chimie raisonnée, les histoires générales sont à la fois le principal et l'accessoire; quelques histoires particulières n'y étant données que seulement pour faire voir comment on peut les extraire toutes des histoires générales.

Ainsi, dans la chimie raisonnée des lois établies, déduction des histoires générales, et des histoires générales, déduction des particulières.

Tel est l'ordre logique adopté et toujours suivi dans la composition du *Traité philosophique et raisonné de la chimie minérale.*

Ce grand ouvrage, vraiment unique sur la matière, se compose de quatre volumes. Les trois premiers, comme on vient de le voir, sont principalement consacrés à faire ressortir, du rapprochement et de l'examen de tous les faits, les lois générales qui les relient et coordonnent. Le quatrième n'est qu'une conséquence et une application des trois premiers. Là, après avoir largement exposé tous les procédés généraux indiqués par la science elle-même, l'auteur prend en particulier tous les procédés empiriques employés dans les arts et l'industrie, et il les soumet tous à une sérieuse et profitable discussion. Alors, appuyé sur toutes les connaissances précédemment amassées, il peut faire voir ce qu'ils ont de bon, en quoi ils pêchent et comment ils seraient avantageusement modifiés.

Dans cette simple esquisse, plus d'un lecteur, si je ne me trompe, reconnaîtra l'ouvrage qu'il a souvent désiré, et, jusque-là, vainement demandé à tous les chimistes, aussi bien étrangers que nationaux. Il est vrai qu'un résumé si sommaire n'en peut donner qu'une idée bien imparfaite; mais au moins y voit-on l'intelligente pensée partout présente, faisant incessamment sa revue du commencement à la fin, éclairant chaque point de sa vive lumière; et de ce vaste ensemble de parties, jusque-là si discordantes et si mal assemblées, composant un seul corps de science vivant et bien constitué.

Ce dernier effort de l'esprit humain en tout genre, cet extrême et si difficile progrès qui relie et coordonne toutes les notions expérimentales recueillies et amassées sur un vaste sujet, et les élève ainsi à l'état de science rationnellement déduite dans toutes ses parties, il restait à faire en chimie. Quel bonheur, pour ses élèves, de le voir si heureusement accompli par leur jeune et savant maître; et, pour tous ceux qu'intéresse la gloire du pays, quelle satisfaction, de voir ce riche et splendide fleuron attaché au front déjà si radieux de notre belle et chère France!

Aussi, est-ce à présent, et seulement à présent, qu'est vrai le mot de Lagrange; après l'établissement de la nomenclature chimique, il disait: *La chimie est aisée maintenant; elle s'apprend comme de l'algèbre.*

Si désormais, grâce aux travaux de M. Edouard Robin, la chimie peut s'apprendre comme une science de pure déduction, et cela ne doit plus être l'objet d'un doute, quelle influence ces travaux n'auront-ils pas sur la science elle-même, sur ses progrès et sa prompte vulgarisation; quelle influence sur ses immenses applications dans les arts, l'agriculture et l'industrie; sur le grand art de guérir, la thérapeutique et la toxicologie; sur les trois grandes branches de l'histoire naturelle, zoologie, botanique et géologie, et enfin, comme tout s'enchaîne dans une mutuelle dépendance, sur l'enseignement en général et celui des sciences en particulier!

FIN.

www.ingramcontent.com/pod-product-compliance
Lightning Source LLC
LaVergne TN
LVHW020252230826
846091LV00006B/2376
9782011788856